sasol
reaching new frontiers

My first book of
Southern African
Snakes
and other Reptiles

Bill Branch
Illustrated by **Sally MacLarty**

Afrikaanse teks in rooi

Umbhalo wesiZulu uluhlaza okwesibhakabhaka

Isikhokelo sesiXhosa sikwikhasi eluhlaza

Introduction   Inleiding   Isingeniso   Intshayelelo

There are more than 500 types of reptile in southern Africa. This book will help you to recognise some of them. You may see them on walks in nature areas or parks, perhaps even in your garden.

Daar is meer as 500 reptielsoorte in Suider-Afrika. Dié boek sal jou help om sommige van hulle uit te ken. Jy sal hulle dalk sien as jy in natuurgebiede of parke stap, en miskien sal jy selfs van hulle in jou tuin sien.

Kunezinhlobo zezilwane ezihuquzelayo ezingaphezu kwama-500 e-Afrika eseNingizimu. Le ncwadi izokusiza ukuthi ukwazi ukubona ezinye zazo. Ungazibona lapho uzihambela ezindaweni zezemvelo noma emapaki, mhlawumbe ungaze uthole ezinye zazo engadini yakho.

Kukho iintlobo zezirhubuluzi ezingaphezu kwe-500 kwiAfrika esemazantsi. Le ncwadi iza kukunceda uzazi ezinye zazo. Usenokuzibona xa uhamba kwiindawo zendalo okanye imiyezo, mhlawumbi ezinye zazo uza kuzibona kwigadi yakho.

Three main reptile groups

Die hoofgroepe reptiele   Amaqoqo aphambili ezilwane ezihuquzelayo
Amaqela aphambili ezirhubuluzi

1. Snakes and lizards

Slange en akkedisse   Izinyoka Nezibankwa   IiNyoka namaCilikishe

Snakes and lizards have bodies that are covered in rows of scales. Snakes are really lizards without legs. Lizards with legs include geckos, chameleons, skinks and agamas. Some burrowing lizards have very small legs, or no legs at all.

Slange en akkedisse het 'n liggaam wat met rye skubbe bedek is. Slange is in werklikheid pootlose akkedisse. Akkedisse met pote is onder andere geitjies, verkleurmannetjies, skinke en koggelmanders. Sommige grawende akkedisse het baie klein pote of geen pote nie.

Izinyoka nezibankwa zinemizimba eyembozwe ngamazegece alandelanayo. Izinyoka empeleni ziyizibankwa ezingenamilenze. Izibankwa ezinemilenze zibandakanya izigcilikisha, izinwabu, ama-skink nama-agama. Ezinye izibankwa ezimba emhlabathini zinemilenze emincane kakhulu noma azinayo nhlobo imilenze.

Iinyoka namacilikishe zinemizimba eyambathiswe ngamaxolo. Iinyoka okunene ngamacilikishe angenamilenze. Amacilikishe anemilenze aquka amaqungequ, amalovane, ii-skink nee-agama. Amanye amacilikishe emba umngxuma emhlabeni anemilenze emincinane gqitha, okanye akanamilenze konke konke.

2. Shelled reptiles

Reptiele met doppe   Izilwane Ezihuquzelayo Ezinamagobongo
Izirhubuluzi Ezinamaqokobhe

 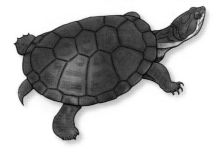 

Tortoises, terrapins and turtles all have bodies that are covered in a hard shell. They pull their head and legs into their shell when danger threatens.

Skilpaaie, water- en seeskilpaaie het almal 'n lyf wat met 'n harde dop bedek is. Hulle trek hul kop en pote terug in die dop wanneer gevaar dreig.

Izimfudu, ama-terrapin nezimfudu zasemanzini zonke zinemizimba eyembozwe yigobolondo eliqinile. Zidonsela ikhanda nemilenze yazo egobolondweni lazo lapho kubonakala kunengozi.

Oofudo, oofudo bamanzi noofudo baselwandle bonke banemizimba egubungelwe ngeqokobhe eliqinileyo. Xa kukho isisongelo sengozi basonga intloko nemilenze yabo bayifake eqokobheni.

3. Crocodile

Krokodil   Ingwenya   Ingwenya

This is a very large creature with a heavy tail and a big mouth. The Nile crocodile is the only crocodile found in southern Africa.

Dit is baie groot reptiele met 'n swaar stert en 'n groot bek. Die Nylkrokodil is die enigsste krokodil wat in Suider-Afrika voorkom.

Lesi yisidalwa esikulu kakhulu futhi zinomsila osindayo kanye nomlomo omkhulu. Ingwenya yaseNile ingukuphela kwengwenya etholakala e-Afrika eseningizimu.

Ezi zizidalwa ezinkulu kakhulu kwaye zinomsila onzima kunye nomlomo omkhulu. INgwenya yomNayile kuphela koxam ofumanekayo kwi-Afrika esemazantsi.

Types of Snakes

Soorte slange *Izinhlobo Zezinyoka* *Iintlobo zeeNyoka*

Most snakes are harmless to humans. Many snakes help to control pests on farms and in gardens. Some snakes use venom (poison) to kill their food. The venom of some snakes is strong enough to kill a child or an adult. Not all snakes produce venom, but they can still give a very painful bite. Venom is injected through special teeth, called fangs, which may be at the back or front of the mouth. Adders (vipers) have very long fangs that are hinged and fold back into the roof of the mouth when not in use.

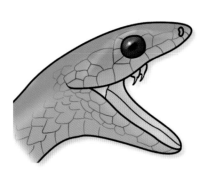

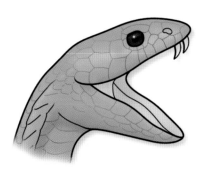

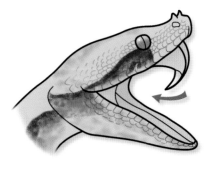

The Boomslang has back fangs.

Die Boomslang het agtertande.
Inyoka yasesihlahleni inezinzawu ezingemuva.
Inyoka yomthi inamabamba angasemva.

Die meeste slange is onskadelik vir die mens. Baie slange help om plae op plase en in tuine te beheer. Sommige slange gebruik gif om hul prooi dood te maak. Sommige se gif is sterk genoeg om 'n kind of 'n grootmens dood te maak. Nie alle slange produseer gif nie, maar hulle kan steeds baie seer byt. Die gif word in kliere in die slang se kop geproduseer; dit word deur spesiale slagtande ingespuit. Die slagtande kan voor of agter in die bek wees. Sommige slange, bekend as adders, het baie lang slagtande wat kan skarnier en teen die verhemelte terugvou wanneer hulle nie gebruik word nie.

The Cobra has front fangs.

Die Kaapse kobra het voortande.
Imfezi yakwelaseKapa inezinzawu ezingaphambili.
Umdlambila unamabamba angaphambili.

Iningi lezinyoka azinabungozi ebantwini. Iningi lezinyoka lisiza ukulawula izilwane eziluhlupho emapulazini nasezingadini. Ezinye izinyoka zisebenzisa isihlungu (ushevu) ukubulala ukudla kwazo. Isihlungu sezinye izinyoka sinamandla ngokwenele ukuthi singabulala ingane noma umuntu omdala. Akuzona zonke izinyoka ezikhipha isihlungu, kepha ziyakwazi ukuthi zilume kabuhlungu impela. Isihlungu sikhishwa ezindlaleni ezisekhanda lenyoka, sifakwe ngamazinyo akhethekile, abizwa ngokuthi izinzawu. Lezi zinzawu zingaba semuva noma ngaphambili emlonyeni. Ezinye izinyoka, okuthiwa amabululu noma izindlondlo, zinezinzawu ezinde kakhulu ezinamahinji nezigoqekela emuva zihlale ophahleni lomlomo lapho zingasebenzi.

The Gaboon Adder has hinged front fangs.

Die Gaboenadder het geskarnierde voortande.
Ibululu LaseGaboon linezinzawu ezingaphambili ezingamahinji.
Ibululu linamabamba angaphambili angathi ziihenjisi.

Uninzi lweenyoka alunabungozi ebantwini. Uninzi lweenyoka luluncedo ekulawuleni izinambuzane kwiifama nasezigadini. Ezinye iinyoka zisebenzisa ubuhlungu (ityhefu) ukuze zibulale into eziyityayo. Ubuhlungu bezinye iinyoka bunamandla ngokwaneleyo ukubulala umntwana okanye umntu omdala. Ubuhlungu buveliswa ngamadlala akwintloko yenyoka; butofelwa ngamazinyo akhethekileyo, ekuthiwa ngamabamba. La mabamba asenokuba ngasemva okanye ngaphambili emlonyeni. Ezinye iinyoka, ekuthiwa ngamarhamba, zinamabamba angathi aneehenjisi nathi asongeke enkalakahleni xa engasetyenziswa. Ayizizo zonke iinyoka ezivelisa ubuhlungu, kodwa sekunjalo kungabuhlungu gqitha ukulunywa yinyoka.

Types of Lizards

Soorte akkedisse   Izinhlobo zezibankwa   Iintlobo zamacilikishe

Lizards include geckos, chameleons, agamas and skinks. They are all harmless and do not have venom (poison). When grabbed by a predator, many lizards have an unusual defence. They shed their tail, which wriggles on the ground whilst the lizard escapes. The lizard's tail grows back, and can be shed again and again.

Akkedisse sluit geitjies, verkleurmannetjies, koggelmanders en skinke in. Hulle is onskadelik en het nie gif nie. Wanneer 'n roofdier hulle beetkry, werp baie akkedisse hul stert af wat dan op die grond wriemel terwyl die akkedis ontsnap. Die akkedis se stert sal weer groei en kan oor en oor afgewerp word.

Izinhlobo zezibankwa zifaka izigcilikisha, izinwabu, ama-agama nama-skink. Azinabungozi futhi azinaso isihlungu (ushevu). Lapho zigxavulwe yisilwane esidla ezinye, izibankwa eziningi ziye zilahle umsila wazo, oye uphiqilike phansi ngesikhathi isibankwa sona sibaleka. Umsila wesibankwa ubuye ukhule, futhi ungalahlwa ngokuphindaphindekayo.

Amacilikishe aquka amaqungequ, amalovane, ii-agama nee-skink. Akanabungozi kwaye akanabo nobuhlungu (ityhefu). Xa ethiwe nqaku ngumhlaseli umsila wamacilikishe amaninzi uyaqhawuka, ze upitshoze emhlabeni ngelixa icilikishe liphel' emehlweni. Umsila wecilikishe uphinde ukhule, kwaye ungaqhawuka ngokuphindaphindiweyo.

Types of Shelled Reptiles

Reptiele met doppe   Izinhlobo zezilwane ezihuquzelayo ezinamagobolondo
Iintlobo zezirhubuluzi ezinamaqokobhe

Tortoises live on land. They pull their head and legs backwards into their shell to protect them.

Skilpaaie leef op land. Hulle trek hul kop en pote in hul dop in om hulself te beskerm.

Izimfudu zihlala emhlabeni. Zifaka amakhanda nemilenze yazo ngokuyihlehlisela emuva ingene egobolondweni lazo ukuze ziyivikele.

Oofudo bahlala emhlabeni. Bazikhusela ngokufihla intloko nemilenze yabo eqokobheni labo.

Terrapins live in freshwater. They pull their head sideways into their shell.

Waterskilpaaie leef in vars water. Hulle trek hul kop sywaarts in hul dop in.

Ama-terrapin ahlala emanzini amasha. Afaka amakhanda awo. ngokuwahambisela emaceleni angene egobongweni lawo.

Oofudo bamanzi (terrapins) bahlala kumanzi acocekileyo. Bageqezisa intloko emacaleni xa beyifaka kwiqokobhe.

Turtles live in the sea. They cannot pull their head into their shell.

Seeskilpaaie leef in die see. Hulle kan nie hul kop in hul dop terugtrek nie.

Izimfudu zasemanzini zihlala olwandle. Azikwazi ukufaka amakhanda azo emagobolondweni azo.

Oofudo bolwandle (turtles) bahlala elwandle. Abakwazi kufaka intloko eqokobheni.

How to use this book

Hoe om hierdie boek te gebruik   Isetshenziswa kanjani le ncwadi
Indlela yokusebenzisa le ncwadi

Each page introduces a new reptile, and tells you something about it.

Elke bladsy stel 'n nuwe reptiel bekend en vertel jou meer daaroor.

Ikhasi ngalinye lethula isilwane esisha esihuquzelayo, bese likutshela okuthile ngaso.

Ikhasi ngalinye lithetha ngesirhubuluzi esitsha, kwaye likuxelela okuthile ngaso.

Warning!
In this book, this warning symbol tells you that the reptile is dangerous, but you should treat all snakes with caution. Do not handle snakes and never try to catch one; instead call an adult if you see a snake nearby.

Waarskuwing!
Dié simbool sê vir jou dat die reptiel gevaarlik is. Behandel alle slange versigtig en moenie hullé kanteer nie. Jy moet nooit 'n slang probeer vang nie; roep eerder 'n grootmens as jy een sien.

Isexwayiso!
Lolu phawu lukutshela ukuthi isilwane esihuquzelayo siyingozi. Ziqaphele zonke izinyoka futhi ungazithinti. Ungalokothi uzame ukubamba inyoka, esikhundleni salokho, biza umuntu omdala uma kukhona oyibonayo.

Isilumkiso!
Olu phawu lukuxelela ukuba esi sirhubuluzi siyingozi. Lumka xa ubona iinyoka yaye ungazibambi ngesandla. Ungaze uzame ukubamba inyoka ngesandla; endaweni yoko, biza umntu omdala ukuba ubona inyoka.

Gaboon Adder
The bold colours and pattern help this snake to hide among dead leaves. It is found in open forest, lying on the ground. This gentle snake rarely bites, but has a deadly venom.

Gaboenadder
Die helder kleure en kleurpatroon help om dié slang tussen dooie blare te kamoefleer. Dit leef in oop woud waar dit op die grond lê. Dié saggeaarde slang sal selde byt, maar het dodelike gif.

Ibululu LaseGaboon
Imibala nephethini eligqamile kusiza ukucashisa le nyoka phakathi kwamacembe afile. Ivame ukutholakala ehlathini elivulekile, ilele phansi. Le nyoka emnene kuyivelakancane ukuthi ilume kepha inesihlungu esibulalayo.

Ibululu
Imibala engqindilili neepatheni ziyayinceda le nyoka ijike imbonakalo ingaqondakali phakathi kwamagqabi omileyo. Ifumaneka ehlathini elingashinyenanga, ilele emhlabeni. Le nyoka imbuna ayifane ilume kodwa inobuhlungu obubulalayo.

SNAKES SLANGE IZINYOKA IINYOKA

9

A notebook appears with each reptile, and it shows you:

'n Notaboekie verskyn by elke reptiel en wys:

Incwajana yamanothi ivela nesilwane ngasinye esihuquzelayo, futhi iyakukhombisa ukuthi:

Kubonakala amanqaku athile kunye nesirhubuluzi ngasinye, kwaye akubonisa:

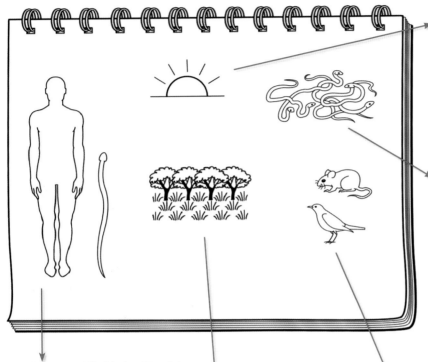

When it is active

Wanneer dit aktief is

Sisebenza nini

Ixesha esisebenza ngalo

Whether it lays eggs or has babies

Of dit eiers lê en of dit babas kry

Ngabe sibekela amaqanda yini noma ziba namachwane

Ukuba sizala amaqanda na okanye siba nabantwana

Size Grootte Ubukhulu Isayizi

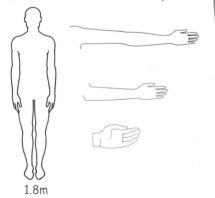

1.8m

What the reptile eats Wat dit eet

Sidlani Ukuba sitya ntoni na

Where it lives Waar dit leef Sihlala kuphi Ukuba sihlala phi

Amongst rocks	Underground	On the ground	In grassy areas with trees	In trees and bushes	In or near water
Tussen rotse	Onder die grond	Bo die grond	Grasvelde met bome	In bome en struike	In of naby water
Phakathi kwamadwala	Ngaphansi komhlaba	Emhlabeni	Otshanini	Ezihlahleni nasemahlozini	Emanzini noma eduze kwamanzi
Phakathi kwamawa	Phantsi komhlaba	Emhlabeni	Iindawo ezinengca nemithi	Emithini nasematyholweni	Emanzini okanye kufuphi nawo

7

Puff Adder

This slow, fat-bodied snake lies under bushes and in long grass. It gives a loud warning puff when threatened.

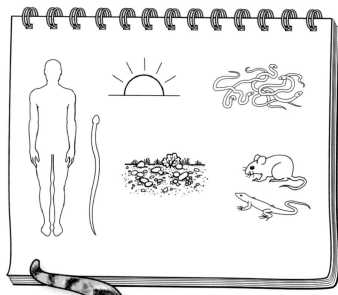

Pofadder

Hierdie stadige, diklywige slang lê onder bosse en in lang gras. Dit blaas hard wanneer dit bedreig word.

Ibululu

Le nyoka enensayo, enomzimba okhuluphele, ilala ngaphansi kwamahlozi nasotshanini obude. Ikhipha umsindo ophakeme wokwexwayisa lapho isengozini.

IRhamba

Le nyoka ecothayo nenomzimba otyebileyo ilala phantsi kwamatyholo nasengceni ende. Itsho ngomfutho omkhulu olumkisayo xa izibona isongelwa.

Gaboon Adder

The bold colours and pattern help this snake to hide among dead leaves. It is found in open forest, lying on the ground. This gentle snake rarely bites, but has deadly venom.

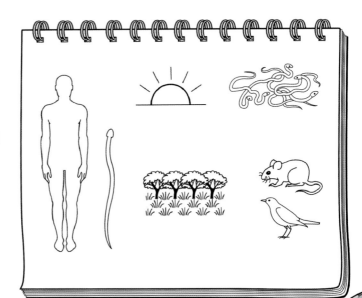

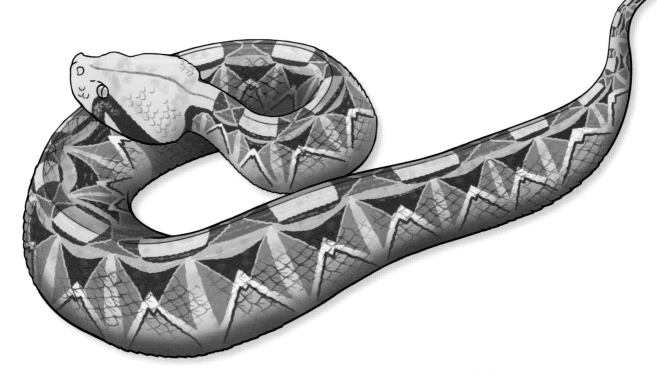

Gaboenadder

Die helder kleure en kleurpatroon help om dié slang tussen dooie blare te kamoefleer. Dit leef in oop woud waar dit op die grond lê. Dié saggeaarde slang sal selde byt, maar het dodelike gif.

Ibululu LaseGaboon

Imibala nephethini eligqamile kusiza ukucashisa le nyoka phakathi kwamacembe afile. Ivame ukutholakala ehlathini elivulekile, ilele phansi. Le nyoka emnene kuyivelakancane ukuthi ilume kepha inesihlungu esibulalayo.

Ibululu

Imibala engqindilili neepatheni ziyayinceda le nyoka ijike imbonakalo ingaqondakali phakathi kwamagqabi omileyo. Ifumaneka ehlathini elingashinyenanga, ilele emhlabeni. Le nyoka imbuna ayifane ilume kodwa inobuhlungu obubulalayo.

Horned Adder

This adder lives in the desert and other dry areas and hides by shuffling its whole body and head into sandy soil. There is a single horn over each eye.

Horingadder

Dit leef in die woestyn en op ander droë plekke en skuil deur die hele liggaam en kop onder sandgrond in te skuifel. Daar is een horing bokant elke oog.

Ibululu Elinezimpondo

Lihlala ogwadule kanye nakwezinye izindawo ezomile futhi lizifihla ngokukhushuzela lifake umzimba walo wonkana kanye nekhanda enhlabathini eyisihlabathi. Linophondo olulodwa ngaphezu kweso ngalinye.

Unompondwana

Ihlala entlango nakwezinye iindawo ezomileyo yaye izimela ngokufihla umzimba nentloko esantini. Kukho uphondo olunye phezu kweliso ngalinye.

Night Adder

This long, thin adder has a velvety, smooth skin and a narrow head. It huffs and puffs when threatened, and is always ready to bite.

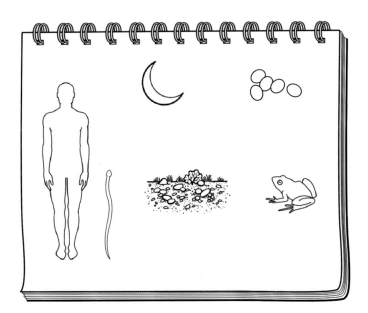

Nagadder

Dié lang, dun slang het 'n fluweelagtige, gladde vel en 'n smal kop. Dit sis en blaas wanneer dit bedreig word en is altyd reg om te byt.

Ibululu Lasebusuku

Leli bululu elide, elizacile linesikhumba esisavelvethi, esibushelelezi kanye nekhanjana elingumcingo. Liyaphafuza lenze umsindo lapho lisengozini, futhi lihlala likulungele ukuluma.

Unomfuthwana / inyoka yasebusuku

Eli rhamba lide nelincinane ngesiqu linesikhumba esithambileyo nesimpuluswa nentloko encinane. Liyafutha likhefuze xa lisongelwa, ibe lisoloko lilungele ukuluma.

Black Mamba

When frightened, it inflates its neck and opens its mouth, which is black inside. It hunts among rocks and trees. This is Africa's most feared snake.

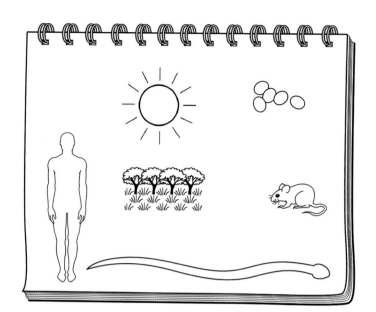

Swartmamba

Wanneer dit bang is, blaas dit die nek op en maak die bek, wat binne swart is, oop. Dit jag tussen klippe en bome. Die Swartmamba is Afrika se mees gevreesde slang.

Imamba Emnyama

Lapho yethukile, iye ikhukhumalise intamo yayo bese ivula umlomo wayo, omnyama ngaphakathi. Izingela ngaphakathi kwamadwala nezihlahla. Le yiyona nyoka eyesatshwa kunazo zonke e-Afrika.

I-Mamba eMnyama

Xa isoyikiswa, iyakhukhumala entanyeni ze ikhamise, umlomo wayo umnyama ngaphakathi. Izingela phakathi kwamatye naphakathi kwemithi. Le yeyona nyoka yoyikekayo eAfrika.

Green Mamba

Its green body serves as camouflage, so it is difficult to see as it glides through the forest trees. It is not as nervous or as dangerous as its cousin, the Black Mamba.

Groenmamba

Sy groen lyf dien as kamoeflering en dus word dit moeilik gesien wanneer dit deur woudbome seil. Dit is nie so senuweeagtig of gevaarlik soos sy neef, die swartmamba, nie.

Imamba Eluhlaza

Umzimba wayo oluhlaza usebenza njengendlela yokuyicashisa, ngakho-ke kunzima ukuyibona lapho inyobozela ezihlahleni zasehlathini. Ayixhaphazeli futhi ayiyona ingozi njengomzala wayo, Imamba Emnyama.

I-Mamba eluHlaza

Umzimba wayo oluhlaza uyayinceda ukujika imbonakalo ingaqondakali, ngoko kunzima ukuyibona njengoko irhubuluza phakathi kwemithi yehlathi. Ayothuki okanye ibe nobungozi njengomzala wayo, i-Mamba emnyama.

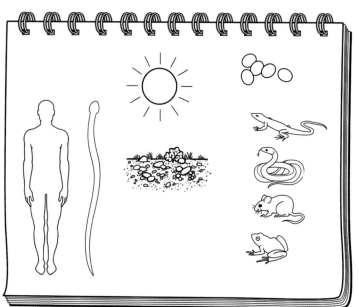

Cape Cobra

This cobra can be butter yellow, dark brown or speckled. An active and alert snake, it is often seen on summer days hunting for rats around farms.

Kaapse kobra (Geelslang)

Dié kobra kan bottergeel, donker of gespikkel wees. Dis 'n wakker, aktiewe slang en word dikwels op somerdae gesien waar dit op Karooplase op rotte jag maak.

Imfezi YakwelaseKapa

Le ingaba nombala ophuzi okusabhotela, ibe nsundu okushubile noma ibe machafachafa. Iyinyoka ekhuthele nehlala iqaphile, ivame ukubonakala ezinsukwini zasehlobo izingela amabuzi emapulazini aseKaroo.

Umdlambila

Eli phimpi lisenokuba mthubi bubhotolo, libe mdaka okanye libe namachaphaza. Yinyoka eququzelayo nendwebileyo, idla ngokubonakala ngeentsuku zehlobo izingela iimpuku kwiifama ze-Karoo. .

Snouted Cobra

A stout cobra with an upturned snout and a broad hood. It often eats lizards and other snakes, particularly Puff Adders.

Wipneuskobra

'n Lywige kobra met 'n wipneus en breë bakkop. Dit eet dikwels akkedisse en ander slange, veral pofadders.

Imfezi Enekhala

Imfezi ekhuluphele enekhala elibheke phezulu nekhanda elibanzi. Ivame ukudla izibankwa nezinye izinyoka, ikakhulukazi amabululu.

IsiKhotsholo

Iphimpi elikhulu elinempumlo ejonge phezulu nentloko ebanzi phezu kwamehlo. Lidla ngokutya amacilikishe nezinye iinyoka, ingakumbi amaRhamba.

Mfezi Cobra ☠

Often found at night around rural homes, where it is responsible for many snakebites. It is nervous and is always ready to spit its venom.

Mosambiekse spoegkobra (M'fezi)

Word dikwels snags om plaashuise en -hutte aangetref, waar dit vir baie byte verantwoordelik is. Dit is senuweeagtig en altyd reg om gif te spoeg.

Imfezi Enguphempethwayo

Ivame ukutholakala ebusuku ngasemakhaya asemaphandleni, lapho iye ilume abaningi. Iyinyoka exhaphazelayo futhi ihlala ikulungele ukukhwifa isihlungu sayo.

Iphimpi i-Mfezi

Ngokufuthi lifumaneka ebusuku emakhayeni kwiindawo zamaphandle, nalapho liluma kakhulu. Lihleli nje liyoyika ibe lisoloko lilungele ukutshica ubuhlungu balo.

Rinkhals ☠

The body may be finely banded (striped) in the Cape and KwaZulu-Natal, but plain in other places. When threatened, it may spit venom at an intruder's eyes, or roll onto its back and pretend to be dead.

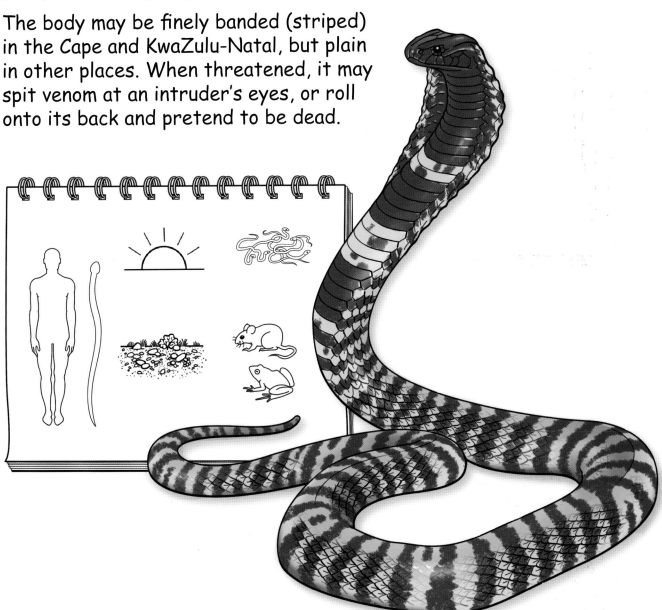

Rinkhals

Die lyf kan fyn strepe hê of ongestreep wees. Wanneer hy bedreig word, kan hy gif in 'n indringer se oë spoeg, of hy sal op sy rug opkrul en maak asof hy dood is.

Uphempethwayo (Iphimpi)

Umzimba ungaba namabhande acolisekile (ube nemidwa) noma ungabinalutho. Lapho isengozini, ingakhwifela isihlungu emehlweni alowo oyiphazamisayo noma iphenduke ilale ngeqolo bese yenza sengathi ifile.

Unobiya

Umzimba ungase ube neempawu ezintle (imigca) okanye ungabi nayo kwanto. Xa isongelwa, ingatshicela umhlaseli emehlweni ngobuhlungu bayo, okanye ilale ngomqolo ze izifise.

Sea Snake

This snake's flattened tail helps it to swim in the warm, surface waters of the Indian Ocean. It hides in floating seaweed, where it feeds on small fish.

Seeslang

Dié slang se afgeplatte stert help dit om in die warm oppervlakwater van die Indiese Oseaan te swem. Dit skuil in drywende seewier, waar dit van vissies leef.

Inyoka Yasolwandle

Umsila oyisicaba wale nyoka uyayisiza ukuthi ibhukude emanzini afudumele angaphezulu oLwandlekazini i-Indian. Izifihla okhuleni lwasolwandle oluntantayo, lapho iye idle khona izinhlanzi ezincane.

Inyoka yaseLwandle

Umsila osixwexwe wale nyoka uyayinceda idade ngaphezulu emanzini afudumeleyo oLwandlekazi lwe-Indian. Izimela ngengca edadayo yaselwandle, apho ithi itye iintlanzi ezincinane.

Southern Burrowing Asp

This thin, black snake likes to burrow. It bites sideways, using just one fang, and so should never be picked up. It eats only other reptiles.

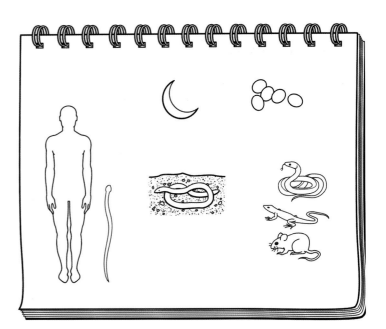

Suidelike sypikslang

'n Dun slang wat graag grawe. Dit byt sywaarts en gebruik net een slagtand en moet dus nooit opgetel word nie. Dit eet net ander reptiele.

Inyoka Eyembayo Yakwelaseningizimu

Inyoka ezacile, emnyama ethanda ukwemba emhlabathini. Ilumela eceleni, isebenzisa uzawu olulodwa nje, ngakho-ke akufanele nakancane icoshwe. Idla kuphela ezinye izilwane ezihuquzelayo.

i-Southern Burrowing Asp

Inyoka encinane, emnyama ethanda ukuvunduza phantsi komhlaba. Iluma ngamacala, isebenzisa ibamba nje elinye, yaye ke ayifanele icholwe ngesandla. Itya ezinye izirhubuluzi kuphela.

Harlequin Snake

A small, beautiful snake that burrows in sandy soils, where it hunts blind snakes (see page 34). It is very gentle and rarely bites.

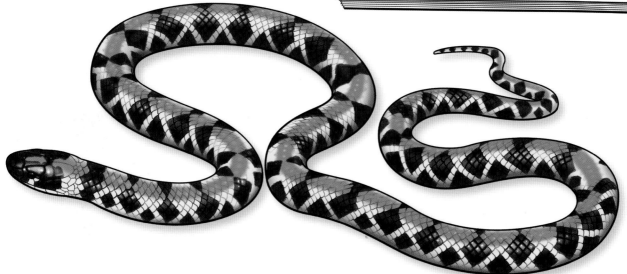

Gevlekte kousbandjie

'n Klein, pragtige slangetjie wat in sandgrond grawe en op blindeslange (sien bladsy 34) jag maak. Dit is saggeaard en byt selde.

Inyoka Enamaphethini Amibalabala

Inyoka encane, enhle eyemba emhlabathini oyisihlabathi, izingela izinyoka eziyizimpumputhe (bheka ikhasi 34). Imnene kakhulu futhi ayivamile ukuluma.

Unomathambe-zantsi

Inyoka encinane, entle evunduza kwimihlaba enentlabathi, izingela iinyoka ezingaboniyo (bona iphepha 34). Imbuna yaye ayifane ilume.

Cape Centipede Eater

This small, slender snake hunts centipedes in old termite nests and insect burrows. Its venom is deadly to centipedes, but harmless to people.

Swartkophonderd-pootvreter

Dié slanke slangetjie maak jag op honderdpote in ou termietneste en insekgate. Die gif is dodelik vir honderd-pote, maar onskadelik vir die mens.

Inyoka YakwelaseKapa Edla Izinkume

Le nyoka encane, engakhuluphele izingela izinkume ezidulini zomuhlwa nasemigodini yezinambuzane. Isihlungu sayo siyabulala ezinkumeni, kepha asinangozi ebantwini.

i-Cape Centipede Eater

Le nyoka incinane, ecekethekileyo izingela amasongololo kwiziduli ezindala zeentubi nemingxuma yezinambuzane. Ubuhlungu bayo buyawabulala amasongololo, kodwa abunangozi ebantwini.

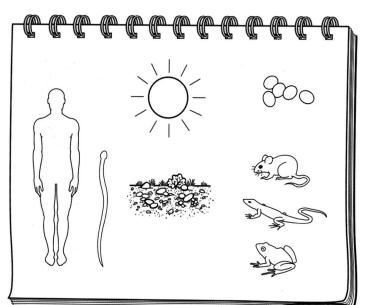

Spotted Skaapsteker

This snake is found over a wide area. It has attractive markings. The female lays her eggs under a stone and guards them with her coils.

Gevlekte skaapsteker

'n Slang wat wydverspreid voorkom. Dit het mooi merke. Die wyfie lê haar eiers onder 'n klip en bewaak hulle met haar kronkels.

Inyoka Ebulala Izimvu Enamachashaza

Inyoka ebanzi enezimpawu ezihehanayo. Eyensikazi ibekela amaqanda ayo ngaphansi kwetshe bese iwaqapha ngaphansi kwemigoqongo yayo.

I-Skaapsteker enamachaphaza

Inyoka exhaphake kakhulu neneempawu ezinomtsalane. Imazi izalela amaqanda ayo phantsi kwamatye ize iwalinde ngokuzibhijela phezu kwawo.

Karoo Sand Snake

A thin, active snake that often lies still, with its head raised, looking with its big eyes for food. It chases lizards in deserts and other dry areas.

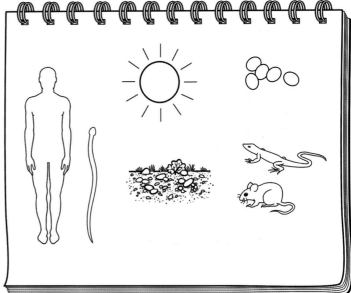

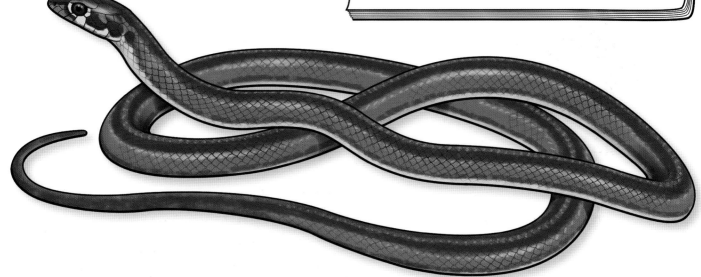

Karoosweepslang

'n Dun, aktiewe slang wat dikwels met sy kop opgelig stil lê en met sy groot oë kos soek. Dit jag akkedisse in woestyn- en dorre gebiede.

Inyoka Yesihlabathi SaseKaroo

Inyoka ezacile, ekhuthele evame ukulala ithule nya, ikhanda layo liphakeme, ifunana nokudla ngamehlo ayo amakhulu. Ijaha izibankwa ogwadule nasezindaweni ezomile.

i-Karoo Sand Snake

Inyoka encinane neququzelayo edla ngokulala ithi ncwaba, ivuse intloko ize ilaqaze ngamehlo ayo amakhulu ifuna ukutya. Isukela amacilikishe entlango nakwiindawo ezingumqwebedu.

Olive Grass Snake

A harmless snake that is often confused with the dangerous Black Mamba (see page 12). It is a fast, active hunter in grasslands.

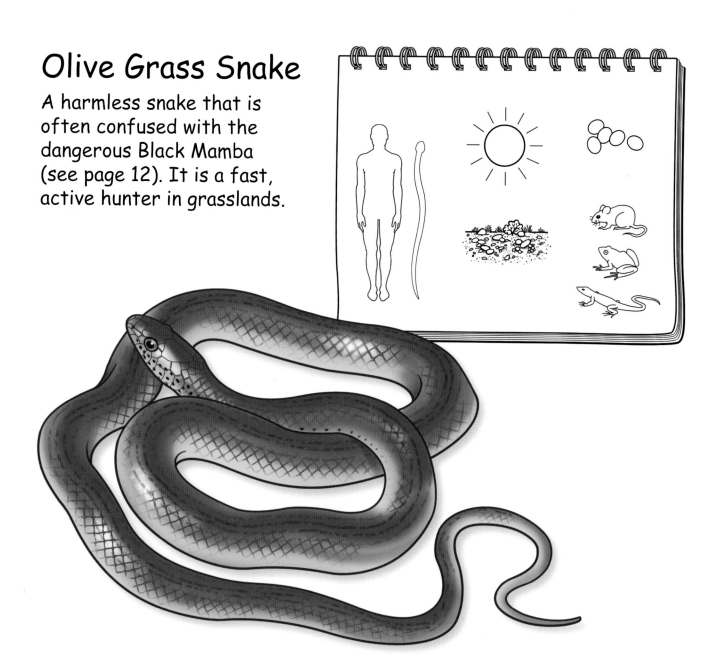

Olyfgrasslang

'n Onskadelike slang wat dikwels met die gevaarlike swartmamba (sien bladsy 12) verwar word. Dit is 'n vinnige, aktiewe jagter in grasveld.

Inyoka Yasotshanini Eluhlaza Okungathi Kungcolille

Inyoka engeyona ingozi evame ukudidaniswa neMamba eMnyama eyingozi (bheka ikhasi 12). Ingumzingeli osheshayo, okhuthele ezindaweni ezinotshani.

i-Olive Grass Snake

Inyoka engenabungozi edla ngokubhidaniswa neMamba eMnyama (bona iphe 12). Ngumzingeli okhawulezayo nondwebileyo emadotyeni.

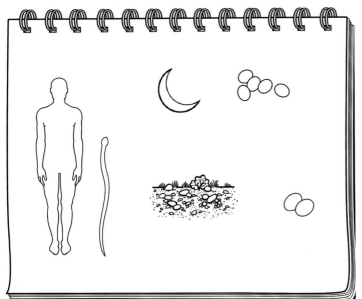

Common Egg-eater

This snake has a small head, but it can stretch its mouth wide to swallow birds' eggs. The rough body scales can be rubbed together to make a hissing sound.

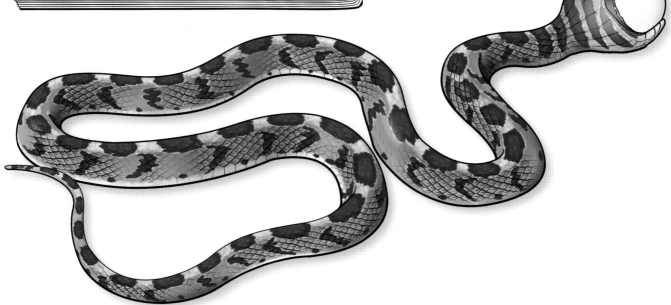

Gewone eiervreter

Dié slang het 'n klein koppie, maar kan sy bek wyd genoeg ooprek om 'n voëleier in te sluk. Die growwe liggaam-skubbe kan teen mekaar gevryf word om 'n sisgeluid te maak.

Inyoka Eyejwayelekile Edla Amaqanda

Le nyoka inekhanjana elincane, kepha ikwazi ukunweba umlomo wayo ube banzi ngokwenele ukuthi ingagwinya amaqanda ezinyoni. Amazegece amahhadla asemzimbeni wayo ayakwazi ukuhlikihlwa ndawonye bese enza umsindo ohlihlizayo.

i-Common Egg-eater

Le nyoka inentloko encinane, kodwa inokuwutweza umlomo wayo ube banzi ngokwaneleyo ukuba iginye amaqanda eentaka. Amaxolo omzimba arhabaxa angakhuhlana ukwenza isandi esifuthayo.

Herald Snake

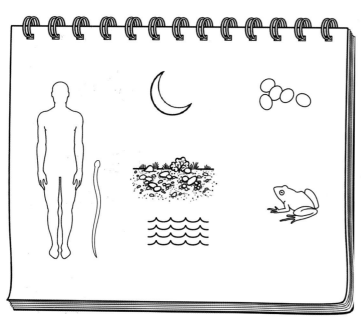

A common snake that may be found in gardens. It likes marshy areas, where it hunts for frogs at night. When threatened, it flattens its head to display its bright red lips.

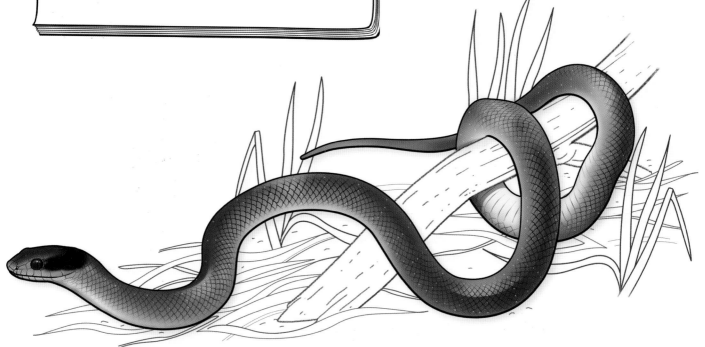

Rooilipslang

'n Algemene slang wat in tuine aangetref kan word. Dit hou van vleigebiede, waar dit snags paddas vang. As dit bedreig word, maak dit die kop plat om die helder rooi lippe te vertoon.

Inyoka Ebikezelayo

Inyoka eyejwayelekile engahle itholakale ezingadini. Ithanda izindawo ezingamaxhaphozi, lapho iye izingele khona amaxoxo ebusuku. Uma isengozini, yenza ikhanda layo libe yisicaba ukuze ikhombise izindebe zayo eziqhakazile ezibomvu.

Inyoka ye-Herald

Inyoka eqhelekileyo enokufunyanwa ezigadini. Ithanda iindawo eziyimigxobhozo, apho ithi izingele amasele ebusuku. Xa isongelwe, yenza sicaba intloko yayo ukuze kubonakale imilebe yayo ebomvu krwe.

Eastern Tiger Snake

With its long, thin body it can climb into hollow trees and caves, where it hunts bats and lizards. It has big eyes and can see well at night.

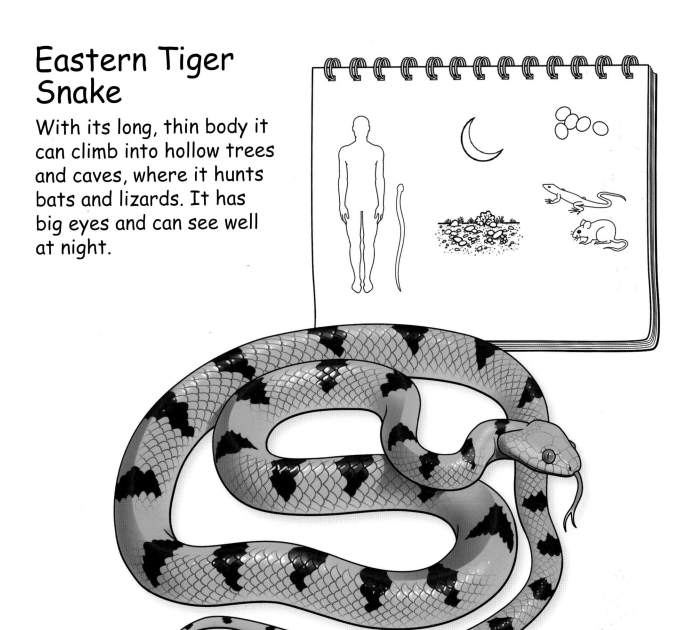

Gewone tierslang

Met die lang dun lyf kan dit by hol bome en grotte inseil, waar dit vlermuise en akkedisse vang. Dit het groot oë en kan snags goed sien.

Inyoka Eyingwe Yakwelase-mpumalanga

Ikwazi ukukhwela ezihlahleni ezinezigoxi nasemigedeni ngomzimba wayo omude, ozacile, lapho iye izingele khona amalulwane nezibankwa. Inamehlo amakhulu futhi ikwazi nokubona kahle busuku.

i-Eastern Tiger Snake

Ngomzimba wayo omde, ocekethekileyo ingakhwela emithini nasemiqolombeni, apho izingela amalulwane namacilikishe. Inamehlo amakhulu ibe ingabona kakuhle ebusuku.

Common Green Snake

A small, green snake that moves nimbly among reed-beds to catch frogs. It is often mistaken for a Boomslang.

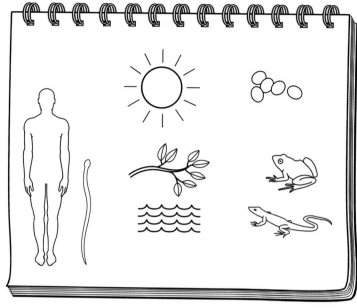

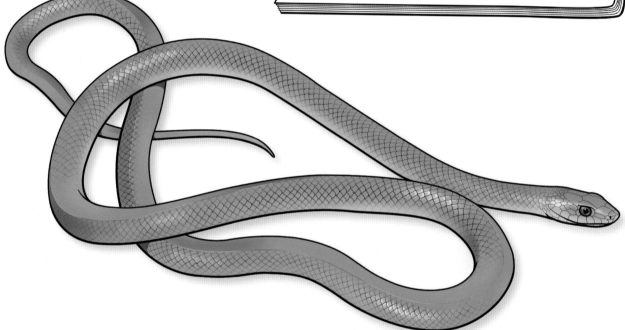

Gewone groenslang

'n Klein, groen slangetjie wat rats tussen rietstande beweeg om paddas te vang. Dit word dikwels vir 'n boomslang aangesien.

Inyoka Eyejwayelekile Eluhlaza

Inyoka encanyana, eluhlaza okotshani ehamba ngokukhuthala phakathi kwezindawo zomhlanga iyobamba amaxoxo. Ivamile ukudidaniswa neNyoka yasesihlahleni.

IVuzamanzi eliluHlaza

Inyoka encinane, eluhlaza ehamba ichwechwa phakathi kweengcongolo ukuze ibambise amasele. Ngokufuthi ibhidaniswa ne-Boomslang.

Spotted Bush Snake

This snake is an excellent climber; its belly and tail have side ridges that help it to climb in bushes. The large eyes point forward, searching for prey.

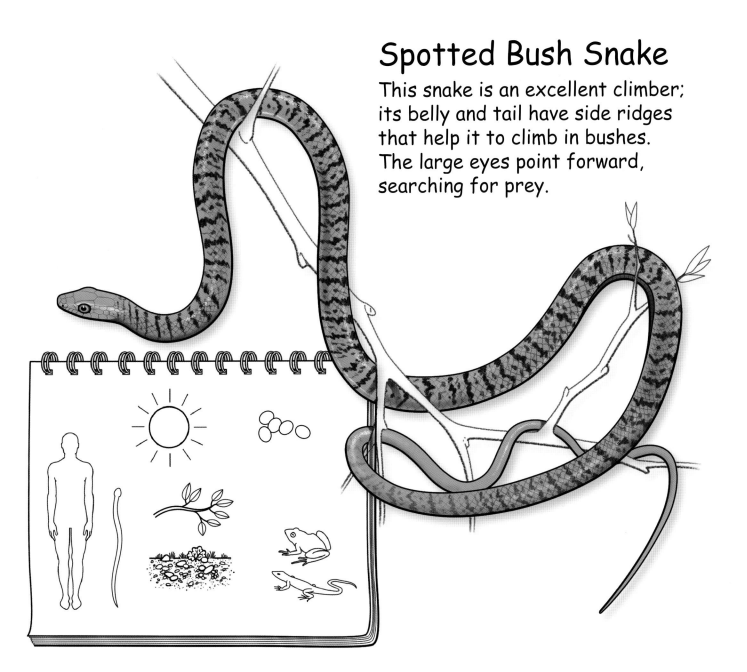

Gespikkelde bosslang

Dié slang is 'n baie goeie klimmer; sy pens en stert het syriwwe wat hom help om in struike te klim. Die groot oë wys vorentoe om kos op te spoor.

Inyoka Yasehlathini Enamachashaza

Le nyoka ingumgibeli onekhono; isisu nomsila wayo kunezindawo ezisemaceleni eziyisiza ikwazi ukugibela ezihlahlaneni. Amehlo amakhulu abheka phambili efunana nokuzodliwa.

i-Spotted Bush Snake

Le nyoka ikwazi kakhulu ukukhwela; esiswini nasemsileni inamaxolo arhabaxa emacaleni ayincedayo ukuba ikhwele ematyholweni. Amehlo amakhulu ajonga phambili, ikhangela ixhoba.

Mole Snake

The adults are plain light-grey, brown or dark-brown, but the babies are boldly patterned. This snake is thick-bodied and muscular, and hunts moles in their burrows.

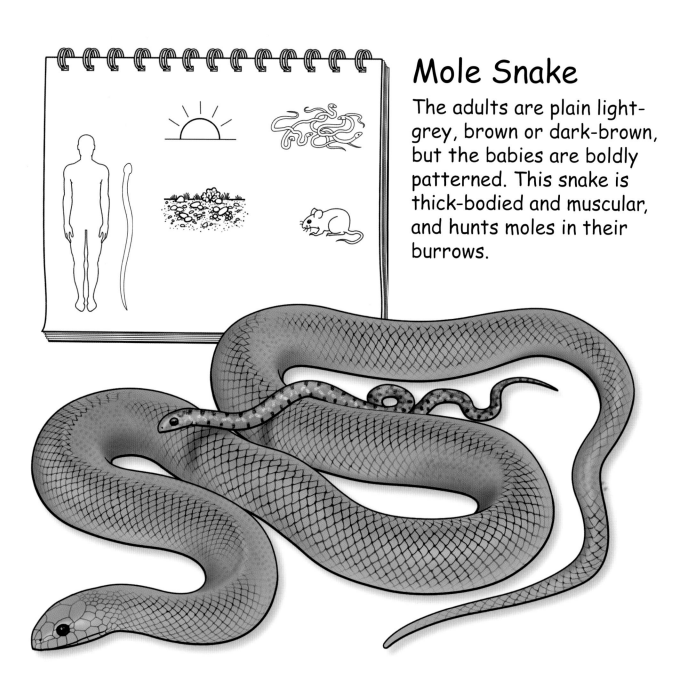

Molslang

Die volwassenes is liggrys, bruin of donkerbruin, maar die babas het duidelike patrone. Dié slang is diklywig en gespierd en maak jag op molle in hul gate.

Inyoka Yezimvukuzane

Izinyoka ezindala zinombala ompunga okhanyayo, onsundu noma onsundu ngokuthe xaxa kepha amachwane azo anamaphethini agqamile. Le nyoka enomzimba olugqinsi nonezicubu, izingela izimvukuzane emigodini yazo.

INkwakhwa

Ezindala zibungwevurha, mdaka okanye mdaka-bungqingqwa, kodwa amantshontsho aneepatheni ezingqindilili. Le nyoka enomzimba omkhulu nezihlunu, izingela iintuku kwimingxuma yazo.

Common Slug Eater

This secretive and shy snake feeds only on slugs, which it hunts by following their slime trails. If threatened it rolls into tight coils.

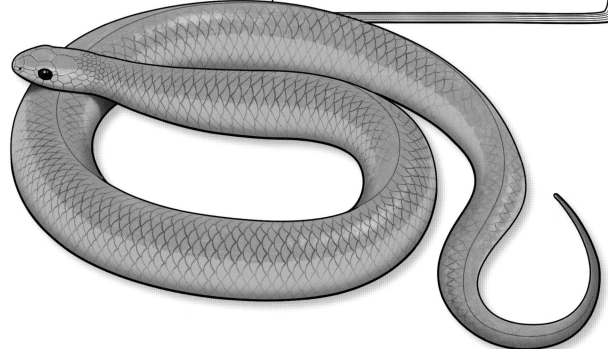

Gewone slakvreter

Dié ontwykende en sku slang leef net van slakke, wat hy opspoor deur hul slymspoor te volg. As hy bedreig word, krul hy hom styf op.

Inyoka Eyejwayelekile Edla Iminenke

Le nyoka ezifihlayo nenamahloni, idla kuphela iminenke, eyizingela ngokulandela imikhondo yayo eyincikinciki. Uma isengozini, iyazigoqa ibe yimigoqongo eqinile.

i-Common Slug Eater

Le nyoka ezifihlayo neneentloni, itya iinkume kuphela, ethi izizingele ngokulandela umkhondo wazo wencindi encangathi eziyishiyayo njengoko zihamba. Ukuba iyasongelwa, izisonga ibe ngumbhumbutho oqinileyo.

Brown House Snake

The two yellow stripes on either side of the head make this snake easy to identify. It is harmless, and common in gardens, where it hunts rats and mice.

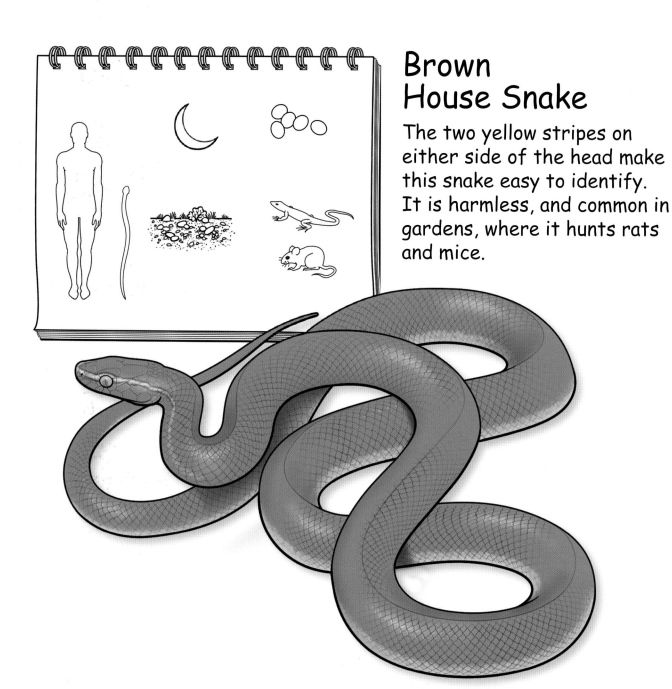

Bruinhuisslang

Dié slang word maklik uitgeken aan die twee geel strepe weerskante van die kop. Dit is onskadelik, en algemeen in tuine waar dit rotte en muise vang.

Inyoka Ensundu Yasendlini

Imidwa emibili ephuzi esezinhlangothini zombili zekhanda layo yenza le nyoka kube lula ukuyibona. Ayiyona ingozi, futhi ivamile ukutholakala ezingadini lapho izingela khona amagundane namabuzi.

Umzingendlu

Imigca emibini emthubi kwicala ngalinye lentloko yenza kube lula ukuyibona le nyoka. Ayinabungozi, kwaye ixhaphakile ezigadini, apho izingela amabuzi neempuku. .

Southern African Python

This is one of the world's largest snakes. It eats cane rats, dassies, monkeys and small antelopes. It likes rocky outcrops and often swims in water. The female guards her eggs, which she sometimes lays in an old aardvark burrow.

Suider-Afrikaanse luislang
Dis een van die wêreld se grootste slange. Dit leef van rietrotte, dassies, ape en selfs klein bokkies. Dit hou van kliprante en swem dikwels. Die wyfie bewaak haar eiers, wat sy soms in 'n ou erdvarkgat lê.

Inhlwathi Yase-Afrika Eseningizimu
Lena ngenye yezinyoka ezinkulu emhlabeni. Idla amagundane asezimobeni, izimbila, izinkawu nezinyamazane ezincane imbala. Ithanda amadwala angamaqhuzwana futhi ivame nokubhukuda emanzini. Eyensikazi iqapha amaqanda ayo eye iwabekele emgodini omdala wesambane.

Inamba/uGqoloma
Le yenye yezona nyoka zinkulu ehlabathini. Itya amadwele, iimbila, iinkawu kwanezinye izilwanyana ezincinane. Ithanda amawa aphakamileyo ibe idla ngokuqubha emanzini. Imazi igada amaqanda ayo, ethi ngamanye amaxesha iwazalele emngxunyeni omdala wehodi.

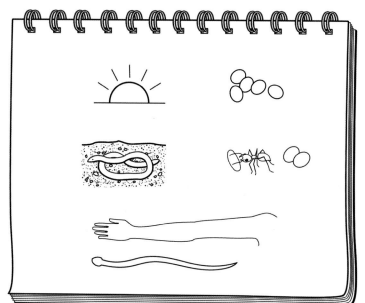

Bibron's Blind Snake

The very short tail can be mistaken for the head. The eyes look like small black dots beneath the head scales. It burrows underground and only feeds two or three times a year.

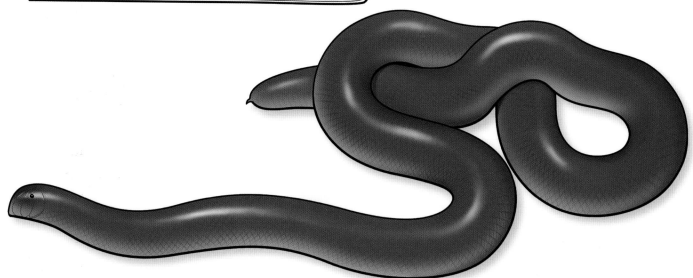

Bibron se blindeslang

Die baie kort stert kan vir die kop aangesien word. Die oë lyk soos swart kolletjies onder die kopskubbe. Dit grawe tonnels en eet net twee of drie keer per jaar.

Inyoka Eyimpumuthe KaBibron

Umsila omfushane kakhulu kungacatshangwa ukuthi uyikhanda layo. Amehlo abukeka njengamachashazana amancane amnyama ngaphansi kwamazegece asekhanda. Iye yembe ngaphansi komhlaba futhi idla kabili noma kathathu ngonyaka.

Inyoka yomhlaba ka-Bibron

Umsila wayo omfutshane gqitha ungabhidaniswa nentloko yayo. Amehlo ngathi ngamachaphaza amancinane amnyama ngezantsi kwamaxolo entloko. Imba phantsi komhlaba yaye itya kabini okanye kathathu kuphela ngonyaka.

Spotted Sand Lizard

A small, fast lizard that shelters beside bushes, dashing out to catch food. On sunny days it holds two of its feet in the air, then the other two, to cool them after they have been on the hot sand.

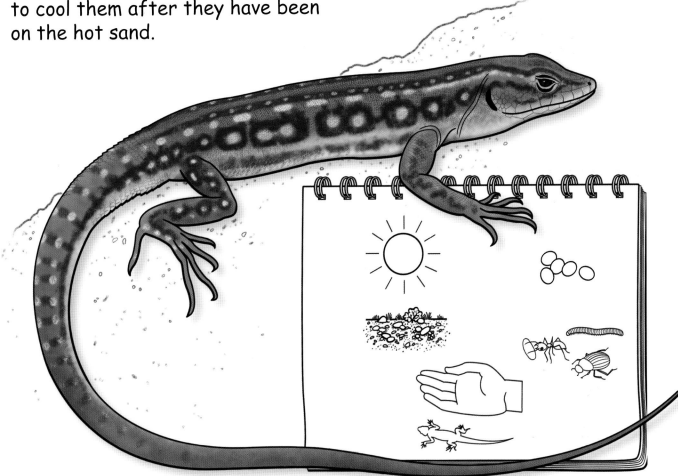

Gevlekte sandakkedis

'n Vinnige akkedissie wat langs bosse skuil en vinnig uitskiet om prooi te vang. Op sonnige dae hou dit eers twee bene en dan die ander twee in die lug om hulle te laat afkoel nadat hulle op warm sand was.

Isibankwa Esinamachashaza Sasesihlabathini

Isibankwa esincane, esisheshayo esikhosela ngasemahlozini, siphume sigulukudela siyobamba ukudla. Ezinsukwini ezinelanga siphakamisa izinyawo zazo ezimbili zime emoyeni ngesikhathi esithile, bese silandelisa ngezinye ezimbili, ukuzipholisa ngemuva kokuthi bezikade zihamba esihlabathini esishisayo.

Icilikishe Elinamachaphaza lasesantini

Icilikishe elincinane, elinamendu elisithela ngasematyholweni, libaleke kakhulu ukuya kubambisa ukutya. Ngeemini ezishushu liphakamisela emoyeni iinyawo zalo ezimbili ngexesha, landule ke liphakamise ezinye ezimbini, ukuziphozisa emva kokuba bezikwintlabathi eshushu.

Rock Monitor

This large lizard uses its long tail as a whip to defend itself. It eats anything it can kill and swallow, even tortoises and snakes.

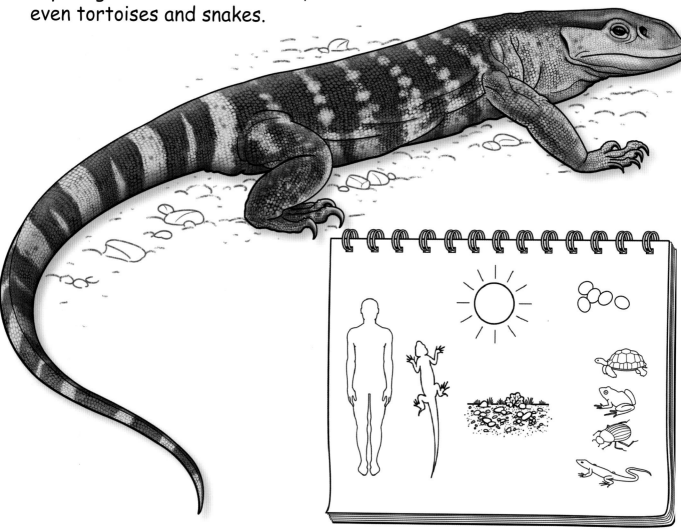

Kliplikkewaan

Hierdie groot akkedis gebruik sy lang stert as 'n sweep om hom te verdedig. Dit eet enigiets wat dit kan doodmaak en sluk, selfs skilpaaie en slange in.

Uxamu Wasemadwaleni

Lesi sibankwa esikhulu sisebenzisa umsila waso omkhulu njengesitswebhu sokuzivikela. Sidla noma yini esikwazi ukuyibulala siyigwinye, nezimfudu nezinyoka imbala.

I-Rock Monitor

Eli cilikishe likhulu lisebenzisa umsila walo omde njengesabhokhwe sokuzikhusela. Litya nantoni na elinokuyibulala ze liyiginye, nditsho noofudo neenyoka.

Water Monitor

The female Water Monitor lays her eggs in a termite nest. This is the largest lizard in Africa, and is related to the Komodo Dragon, the world's largest lizard.

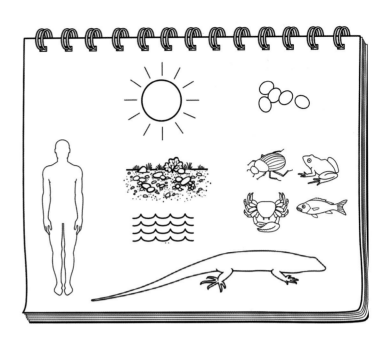

Waterlikkewaan

Die Waterlikkewaan-wyfie lê haar eiers in 'n termietnes. Dis die grootste akkedis in Afrika en is verwant aan die Komododraak, die wêreld se grootste akkedis.

Uxamu Wasemanzini

Lesi yisibankwa esikhulu kunazo zonke kwelase-Afrika. Sibekela amaqanda aso esidlekeni somuhlwa ophilayo. Sihlobene neKomodo Dragon, okuyisibankwa esikhulu kunazo zonke emhlabeni.

I-Water Monitor

Eli lelona cilikishe likhulu eAfrika. Lizalela amaqanda alo kwindlwana enyakazela ziintubi. Ludidi olufanayo ne-Komodo Dragon, elona cilikishe likhulu ehlabathini.

Flap-necked Chameleon

A chameleon's eyes each move in different directions, allowing it to look for flies and other insects, which it catches by shooting out its long tongue.

Flapnek-verkleurmannetjie

'n Verkleurmannetjie se oë beweeg in verskillende rigtings en stel hom in staat om vlieë en ander insekte op te spoor wat hy vang deur sy lang tong uit te skiet.

Unwabu Olunentamo Ebhakuzayo

Amehlo onwabu anyakaza abheke ezindaweni ezahlukahlukene, aluvumele lufunane nezimpukane nezinye izinambuzane, elizibamba ngokukhipha ulimi lwalo olude ngokushesha.

Ulovane olunentamo esixwexwe

Amehlo olovane ayalaqaza kakhulu, nto leyo eyenza lukhangele iimpukane nezinye izinambuzane, oluzibambisa ngokukhupha olo gqajolo lolwimi lalo.

Dwarf Chameleon

Its unusual feet and coiling tail allow this chameleon to climb in trees. The babies stick to leaves when they are born. Like all chameleons, it can develop bright colours when excited.

Dwerg-verkleurmannetjie

Sy buitengewone voete en krulstert stel dié verkleurmannetjie in staat om boom te klim. Die babas kleef by geboorte aan blare. Soos alle verkleurmannetjies verkleur dit wanneer dit ontsteld is.

Unwabu Oluyisichwe

Izinyawo zalo ezinge-jwayelekile kanye nomsila ogoqanayo kuvumela lolu nwabu ukuba lukwazi ukugibela ezihlahleni. Abantwana balo banamathela emacembeni lapho bezalwa. Njengazo zonke izinwabu, lukwazi ukwenza imibala eqhakazile lapho kukhona okulukhathazayo.

Ulovane olunqapheleyo

Iinyawo zalo ezingaqhele-kanga nomsila walo obhijelayo wenza olu lovane lukhwele emithini. Abantwana bathi nca emagqabini xa bezalwa. Njengawo onke amalovane liyakwazi ukuzijika imibala xa lucaphukile.

Rock Agama

Rock Agamas live in small colonies. The most important male in each colony has a bright blue head. He perches on the highest rock and bobs his head in display.

Klipkoggelmander

Klipkoggelmanders leef in klein kolonies. Die belangrikste mannetjie in elke kolonie het 'n helderblou kop. Hy sit op die hoogste klip en knik sy kop.

I-agama Lasemadwaleni

Ama-agama asemadwaleni ahlala emaqoqwaneni amancane. Eleduna elibaluleke kunawo wonke eqoqwaneni ngalinye linekhanda eliluhlaza okwesibhakabhaka eliqhakazile. Lihlala edwaleni eliphakeme kunawo wonke bese linyakazisa ikhanda libukisa ngalo.

I-Agama Yamawa

Ii-Agama zamawa zihlala zingamabutho amancinane. Eyona nkunzi ibalulekileyo kwibutho ngalinye inentloko eluhlaza eqaqambileyo. Ithi ngcu kwelona liwa liphakamileyo ze igeqezise intloko iqhayisa.

Tree Agama

The wide, electric-blue head of the male does the same job as a lion's mane: it shows that he is 'the king'. Tree Agamas sleep in tree-hollows and eat mainly beetles and ants.

Boomkoggelmander

Die mannetjie se breë helderblou kop het dieselfde funksie as 'n leeu se maanhare: om te wys hy is 'koning'. Boomkoggelmanders slaap in boomholtes en eet hoofsaaklik kewers en miere.

I-agama Lasezihlahleni

Ikhanda elibanzi, eliluhlaza okukagesi lelesilisa lenza umsebenzi ofanayo nowomhlwenga webhubesi: likhombisa ukuthi 'liyinkosi impela'. Ama-agama asezihlahleni alala ezigoxini zezihlahla futhi adla ikakhulukazi amabhungane nezintuthwane.

Intloko esixwexwe neluhlaza okwesibhakabhaka yenkunzi yenza umsebenzi ofanayo nesingci sengonyama: ibonisa ukuba 'liyikumkani'. Ii-agama zemithi zilala kwimingxuma esemithini ibe zitya ikakhulukazi ooqongqothwane neembovane..

House Gecko

This gecko was once found only in Zululand, but has spread to other places after getting transported in cars and trucks. It likes to catch moths that are attracted to house lights.

Huisgeitjie

Dié geitjie het vroeër net in Zululand voorgekom, maar het deur middel van voertuie na ander dele versprei. Dit vang motte wat deur huisligte aangelok word.

Isigcilikisha Sasendlini

Lesi sigcilikisha sasitholakala kuphela kwelakwaZulu, kepha sesisabalele nakwezinye izindawo ngemuva kokungena ezimotweni nasemalolini. Sibamba izilwanyana ezihehwa yizibane.

Iqungequ laseNdlwini

Eli qungequ lalikade lifumaneka kwaZulu kuphela, kodwa linabele nakwezinye iindawo emva kokukhwela ezimotweni nasezilorini. Libambisa amavivingane atsalwa kukukhanya.

Cape Day Gecko

It can be found in suburban gardens, where it often waits near ant trails, eating the ants one by one. Like all geckos, it lays only two hard-shelled eggs.

Kaapse daggeitjie

Dit word soms in tuine aangetref waar dit naby mierpaaie wag en die miere een vir een vang. Soos alle geitjies lê dit net twee hardedopeiers.

Isigcilikisha Sasemini SakwelaseKapa

Sitholakala ezingadini zasemizini, lapho sivame ukulinda eduze nemigudu yezintuthwane, sidle izintuthwane lezo esizi-bamba ngazinye. Njengazo zonke izigcilikisha sibekela amaqanda amabili anamagobongo aqinile.

Iqungequ laseKoloni

Linokufumaneka kwiigadi ezikwiidolophana, apho lidla ngokulinda kufuphi neendawo ezihamba iimbovane, lisitya iimbovane nganye nganye. Njengawo onke amaqungequ lizala amaqanda amabili anamaqokobhe aqinileyo.

Bibron's Gecko

Leaf-shaped pads under the tips of its toes allow this gecko to climb smooth rock walls in search of prey. It has powerful jaws to help it crush insects. It is often found in Karoo farmhouses.

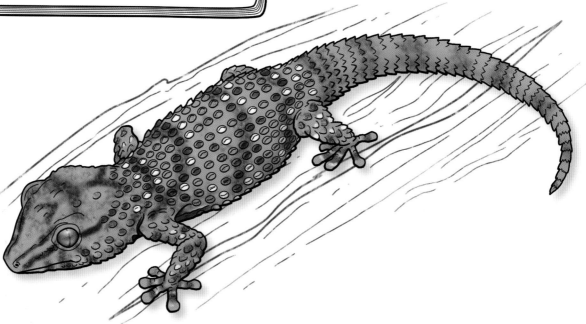

Bibron se geitjie

Blaarvormige kussings onder die punte van die tone stel dié geitjie in staat om teen gladde rotswande te klim om prooi te soek. Dit het kragtige kake om insekte fyn te druk. Dit word dikwels in Karoohuise gesien.

Isigcilikisha SikaBibron

Imiqudlwana emise okwamacembe engaphansi kwezintupha zezinzwane zayo ivumela lesi sigcilikisha sigibele amadwala abushelelezi sifunana nokudla. Sinemihlathi enamandla esisiza ukuthi sifihlize izinambuzane. Sivame ukutholakala ezindlini zasepulazini zaseKaroo.

Iqungequ

Imiphantsi yeenyawo emilise okwamagqabi phantsi kweenzwane zayo yenza ukuba eli qungequ likhwele kumawa agudileyo likhangela ixhoba. Linemihlathi eyomeleleyo elincedayo ukucola izinambuzane. Lidla ngokufumaneka kumagxamesi akwi-Karoo.

Web-footed Gecko

This gecko lives in the Namib Desert, where its webbed toes help it to walk on the soft sand and dig into it as well. Its very large eyes help it to see in the dark.

Webvoetgeitjie

Dié geitjie leef in die Namibwoestyn, waar sy gewebde voete hom help om op sagte sand te loop en ook daarin te grawe. Sy groot oë help hom om in die donker te sien.

Isigcilikisha Esinezinzwane Ezihlangene

Lesi sigcilikisha sihlala ogwadule iNamib, lapho izinzwane zaso ezihlangene zisisiza khona ekuhambeni esihlabathini esithambile nokuthi sikwazi ukwemba kuso. Amehlo aso amakhulu kakhulu abomvu asisiza sibone ebumnyameni.

Iqungequ elineenyawo ezinenwebu

Eli qungequ lihlala kwintlango ye-Namib, apho iinzwane zalo ezinenwebu zilinceda lihambe kwintlabathi ethambileyo likwazi nokumba kuyo. Amehlo ayo amakhulu alinceda likwazi ukubona ebumnyameni.

Striped Skink

This skink is common in gardens and around houses. Its body is covered in bony scales like those of a fish. The tail is easily shed, but it soon grows again.

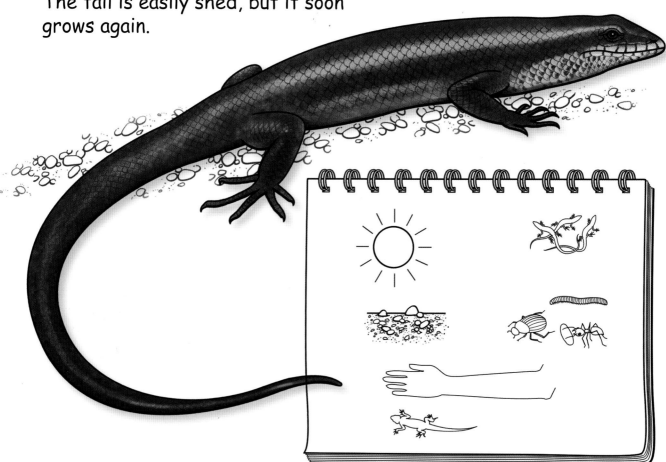

Gestreepte skink

Dié skink, wat algemeen in tuine en om huise is, se lyf is bedek met benerige skubbe soos 'n vis s'n. Die stert word maklik afgewerp, maar groei gou weer.

Isibankwa Esiyi-skink Esinemidwa

Sivamile ezingadini nangasezindlini. Umzimba walesi skink wembozwe ngamazegece asamathambo anjengalawo atholakala ezinhlanzini. Umsila ulahlwa kalula, kepha uyashesha ukuphinda ukhule.

Uqebentula onemigca

Uxhaphakile ezigadini nasezindlwini, umzimba walo qebentula ugutyungelwe ngamaxolo anamathambo ngathi ngalawo wentlanzi. Umsila uqhawuka lula, kodwa uphinda ukhule kamsinya.

Cape Skink

Because of its fat body, this skink runs with a waddle. It lives among bushes and rocks, making quick dashes into the open to seize food.

Kaapse skink

Met sy vet lyf, hardloop hy met 'n waggel. Hy leef tussen bossies en klippe en skiet uit in die oopte om sy prooi te vang.

Isibankwa Esiyi-skink SakwelaseKapa

Ngenxa yomzimba waso okhuluphele, sigijima sideklezele. Sihlala phakathi kwamahlozi namadwala, sintininize ngokushesha siye ezindaweni ezivulekile ukuyogxavula ukudla.

Uqebentula waseKoloni

Ngenxa yomzimba wakhe omkhulu, uyabhadaza xa ebalekayo. Uhlala ematyholweni nasemaweni, esenza amatshe ukuya endaweni evulekileyo ukuya kuthi hlasi ukutya.

Rainbow Skink

The adult male has a green body and orange tail, but the females and juveniles have blue tails. It lives in large groups on rocky outcrops.

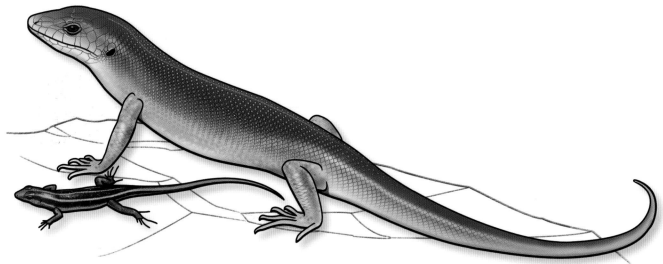

Reënboogskink

Die volwasse mannetjie het 'n groen lyf en oranje stert, maar die wyfie en kleintjies se stert is blou. Dit leef in groot groepe op kliprante.

Isibankwa Esiyi-skink Esiluthingo Lwenkosazana

Eseduna esidala sinomzimba oluhlaza nomsila osawolintshi, kepha ezensikazi nezisencane zinemisila eluhlaza okwesibhakabhaka. Zihlala ngamaqoqo amakhulu ezindaweni ezinamadwala.

Uqebentula oyi-Rainbow

Inkunzi endala inomzimba oluhlaza nomsila o-orenji, kodwa iimazi nabantwana banemisila ebhlu. Uhlala kumaqela amakhulu ezincochoyini zamawa.

Giant Burrowing Skink

This large skink is legless, like a snake but, unlike snakes, it has eyelids. It burrows into loose soil and leaf litter in search of worms and beetles.

Reuse grawende skink

Die groot skink is pootloos, soos 'n slang, maar anders as 'n slang, het dit ooglede. Dit grawe in los grond en blaarafval op soek na wurms en kewers.

Isibankwa Esiyi-skink Esikhulu Esembayo

Asinamilenze njengenyoka kepha sona sinamajwabu emehlweni, inyoka engenawo. Siyemba singene emhlabathini othambile nasemfucuzeni yamacembe sifunana nezibungu namabhungane.

Uqebentula Omkhulu Owembayo

Akanamilenze, njengenyoka kodwa, ngokungafaniyo nenyoka, uneenkophe. Uvunduza emhlabeni othambileyo nenkukuma yamagqabi ukhangela imibungu nooqongqothwane.

Cape Girdled Lizard

Its spiny scales and tail protect this lizard from injury by the animals that hunt it. It lives on its own in narrow rock cracks.

Kaapse gordelakkedis

Die stekelrige skubbe en stert beskerm die akkedis teen diere wat hom wil vang. Hy leef op sy eie in nou rotsskeure.

Isibankwa Esimabhande SakwelaseKapa

Amazegece aso ahlabayo nomsila kuyasivikela ekulinyazweni yizilwane ezisizingelayo. Sihlala sodwa emifantwini emincane yamadwala.

Urhoqotyeni

Amaxolo ahlabayo nomsila wakhe umkhusela ekonzakalisweni zizilwanyana ezimzingelayo. Uzihlalela kwiintunja ezincinane zamawa.

Giant Girdled Lizard

This lizard lives in colonies in grassland, where many long burrows, each home to just one lizard, make up a colony. It is also called a 'Sungazer' as it likes to bask on a termite nest, facing into the sun.

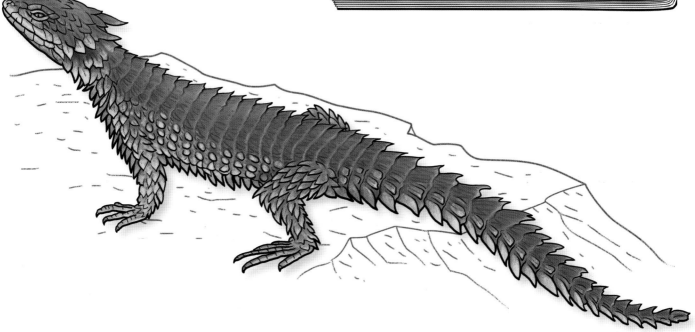

Reusegordel-akkedis

Dié akkedis leef in kolonies op grasvelde, waar talle lang tonnels, elkeen met net een akkedis, 'n kolonie vorm. Dit staan ook bekend as 'n 'Sonkyker', want dit lê graag met die gesig na die son toe op 'n termiethoop.

Isibankwa Esikhulu Esimabhande

Sihlala ngokuqoqana ezindaweni ezinotshani, lapho imigodi eminingi emide, umunye unesibankwa esisodwa vo, yenza khona iqoqo lazo. Lesi sibankwa sibuye saziwe ngothi singu Mabhekilanga' ngoba sithanda ukulethamela esidlekeni somuhlwa esibhekene nelanga.

Urhoqotyeni omkhulu

Uhlala phakathi kwamabutho engceni, apho imingxuma emininzi emide, ngamnye unecilikishe nje elinye, yenza ibutho. Eli cilikishe kukwathiwa 'nguGcakameli-langa' njengoko likuthanda ukuhlala esidulini seentubi sijonge ngaselangeni.

Broadley's Flat Lizard

Its very flat body allows this lizard to crawl beneath thin rock flakes. It is common in the Augrabies National Park.

Broadley se platakkedis

Die baie plat lyf stel dié akkedis in staat om onder dun rotsskilfers in te kruip. Dit is algemeen in die Augrabies Nasionale Park.

Isibankwa SikaBroadley Esiyisicaba

Umzimba waso oyisicaba kakhulu uvumela lesi sibankwa sihuquzele singene ngaphansi kwezicucwana zamadwala Sivamile e-Augrabies National Park.

Icilikishe Elithe tyaba lika-Broadley

Umzimba walo othe tyaba gqitha wenza eli cilikishe likwazi ukurhubuluza phantsi kwamacwecwe amatye. Lixhaphakile kuMyezo weziLwanyana wase-Augrabies.

Giant Plated lizard

This lizard lives in small groups in large rock cracks on granite koppies. It eats insects, flowers and berries.

Reusepantser-akkedis

Dié akkedis leef in groepies in groot rotsskeure op granietkoppies. Dit eet insekte, blomme en bessies.

Isibankwa Esikhulu Esinokusamakhasi

Sihlala ngamaqoqo amancanyana emifantwini yamadwala amakhulu emagqunyaneni amahhadla. Sidla izinambuzane, izimbali nezithelo eziyizinhlamvu.

Icilikishe Elikhulu Elinamaxolo

Lihlala ngamaqela amancinane kwiintunja zamawa amakhulu kwiinduli zamatye enyengane. Litya izinambuzane, iintyatyambo namaqunube.

Angulate Tortoise

Males have a 'plough' at the front of the shell which is used in fights to turn other males onto their backs. The female lays a single large egg.

Ploegskaarskilpad

Mannetjies het 'n 'ploegskaar' vooraan die dop wat in gevegte gebruik word om ander mannetjies of hul rûe te keer. Die wyfie lê net een groot eier.

Ufudu Olunegeja

Ezeduna 'zinegeja' elingaphambili egobongweni elisetshenziswa ezimpini zokuketula ezinye zeduna. Olwensikazi lubekela iqanda elilodwa elikhulu.

Ufudo olunembombo

Iinkunzi zine-'khuba' ngaphambili eqokobheni ezilisebenzisayo xa zilwayo ukuze zoyise ezinye iinkunzi. Imazi izala iqanda elinye elikhulu.

Hinged Tortoise

The shell has a hinge at the back that closes to protect the feet. In females, the hinge opens wide when she lays her eggs.

Skarnierskilpad

Die dop het 'n skarnier agter wat toemaak om die voete te beskerm en by die wyfies wyd oopmaak wanneer sy eiers lê.

Ufudu Olunehinji

Igobongo linehinji elingemuva eliye livaleke ukuvikela izinyawo kepha kwezensikazi, livuleka kakhulu lapho lubekela amaqanda.

Ufudo Olunehenjisi

Iqokobhe linehenjisi ngasemva elithi livaleke ukukhusela iinyawo kodwa, kwiimazi, livuleka libe banzi xa lizala amaqanda alo.

Leopard Tortoise

This tortoise loves water and is often seen floating in dams. The eggs are hard-shelled and may take up to nine months to hatch. It is southern Africa's largest tortoise.

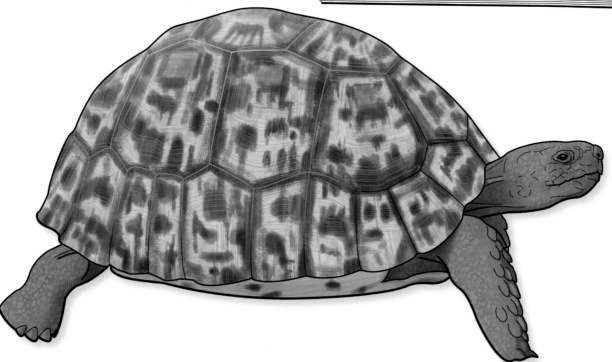

Bergskilpad

Dié skilpad is lief vir water en dryf dikwels op damme. Die eiers het harde doppe en neem tot nege maande om uit te broei. Dit is die grootste skilpad in Suider-Afrika.

Ufudu Lwengwe

Lolu fudu luyawathanda amanzi futhi luvame ukubonakala luntanta emadamini. Amaqanda alo anamagobongo aqinile futhi athatha izinyanga eziye zifike kweziyisishiyagalolunye ukuchamusela. Luwufudu olukhulu kunazo zonke e-Afrika eseNingizimu.

Ufudo olubuHlosi

Olu fudo luyawathanda amanzi yaye ludla ngokubonwa ludada emadamini. Amaqanda aneqokobhe eliqinileyo ibe athatha iinyanga ezisithoba ukuze aqanduselwe. Lolona fudo lukhulu kwiAfrika esemazantsi.

Geometric Tortoise

The Geometric Tortoise is named for its beautifully patterned shell. The females grow larger than the males. It is one of the world's most endangered tortoises.

Suurpootjie

Die suurpootjie se dop het 'n pragtige patroon. Die wyfies word groter as die mannetjies. Dit is een van die wêreld se mees bedreigde skilpaaie.

Ufudu Olunamaphethini

Ufudu olunamaphethini ame ngendlela ethile lwethiwe igama ngenxa yegobongo lalo elinamaphethini amahle. Ezensikazi zikhula zibe zinkulu kunezeduna. Lungolunye lwezimfudu ezibekeke engozini kunazo zonke emhlabeni.

Ufudo lweJometri

UFudo lweJometri luthiywe ngolo hlobo ngenxa yeqokobhe lalo elineepatheni ezintle. Iimazi zikhula zibe nkulu ngakumbi kuneenkunzi. Lolunye loofudo abasengozini yokuphela ehlabathini.

Marsh Terrapin

This flat, thin-shelled terrapin lives in pans and vleis. When these dry up, it digs into soft mud and buries itself until the rains return.

Moeras-waterskilpad

'n Plat dundop-waterskilpad wat in panne en vleie leef. Wanneer die water opdroog, grawe hy hom in sagte modder in en bly daar tot dit weer reën.

Ufudu Lwasemaxhaphozini

I-terrapin eyisicaba, enegobongo elizacile ehlala emachitshaneni nasemaxhaphozini. Uma lezi zindawo zoma, iyemba odakeni oluthambile bese izemboza kuze kubuye izimvula.

Ufudo Lwamanzi Lwegxobho

Ufudo oluneqokobhe elisicaba nelicekethekileyo oluhlala emadamini nasemachibini. Xa esoma la madama namachibi, lomba edakeni olumanzi ze luzifihle apho de kubuye iimvula.

Hinged Terrapin

A hinge at the front of the shell closes to protect this terrapin's face. The hind-feet are webbed like a frog's. It can often be seen on riverbanks, basking in the sun.

Skarnier-waterskilpad

'n Skarnier vooraan die dop maak toe om die gesig te beskerm. Die agterpote is geweb soos 'n padda s'n. Dit lê dikwels op rivieroewers in die son en bak.

I-Terrapin Enehinji

Ihinji elingaphambili kwegobongo liyavaleka ukuvikela ubuso. Izinyawo zangemuva zinolwebu olunjengolwezamaxoxo. Luvame ukubonwa osebeni lomfula, lwethamele ilanga.

Ufudo lwamanzi olunehenjisi

Ihenjisi ngaphambili eqokobheni liyavaleka ukuze kukhuselwe ubuso. Iinyawo ezingasemva zinenwebu ngathi zezesele. Ludla ngokubonakala elunxwemeni lomlambo, lugcakamele ilanga.

Loggerhead Sea Turtle

Female turtles come ashore at night to lay their eggs on the beaches of northern KwaZulu-Natal. Their eggs look like soft ping-pong balls.

Karetseeskilpad

Karetseeskilpad-wyfies kom snags land toe om hul eiers op die strande van Noord-KwaZulu-Natal te lê. Die eiers lyk soos sagte tafeltennisballe.

Ufudu Lwasolwandle Oluyi-loggerhead

Izimfudu zensikazi ziza ogwini ebusuku zizobekela amaqanda azo emabhishi asenyakatho naKwaZulu-Natali. Lawa maqanda abukeka njengamabhola athambile e-ping-pong.

Ufudo lwaselwandle i-loggerhead

Iimazi ziza elunxwemeni ebusuku ze luzale amaqanda alo kumanxweme akumantla akwaZulu-Natal. La maqanda akhangeleka ngathi ziibhola ezithambileyo zentenetya yasetafileni.

Leatherback Sea Turtle

This turtle has a soft, rubbery shell. It eats only jellyfish, sometimes diving to a depth of over one kilometre to find them. It is the world's largest sea turtle.

Leerrugseeskilpad

Dié seeskilpad het 'n sagte rubberagtige dop. Dit eet net jellievisse en duik soms meer as 'n kilometer diep om hulle te vind. Dis die wêreld se grootste seeskilpad.

Ufudu Lwasolwandle Oluneqolo Elisasikhumba

Lolu fudu lwasemanzini lunegobongo elithambile, elisanjoloba. Ludla kuphela isilwane i-jellyfish, ngesinye isikhathi luye lutshuze lushone phansi ekujuleni okungaphezu kwekhilomitha ukuyo-sithola. Luwufudu lwasolwandle olukhulu kunazo zonke emhlabeni.

Ufudo lwaselwandle i-leatherback

Olu didi lofudo lwaselwandle luneqokobhe oluthambileyo, olubusikhumba. Lutya i-jellyfish kuphela, ngamanye amaxesha luntywile kubunzulu obungaphezu kwekhilomitha ukuze luzifumane. Lolona fudo lwaselwandle lukhulu ehlabathini.

Nile Crocodile

This is a giant, dangerous reptile that often grabs prey drinking at rivers. The mother carefully guards her eggs, and the babies after they hatch. The crocodiles' teeth remain visible, even when their jaws are closed.

Nylkrokodil

Dit is 'n reusagtige gevaarlike reptiel wat dikwels sy prooi gryp waar hulle by riviere drink. Die wyfie bewaak haar eiers, en die kleintjies nadat hulle uitgebroei het. Die krokodil se tande is sigbaar selfs wanneer die bek toe is.

Ingwenya YaseNile

Isilwane esihuquzelayo esikhulukazi, esiyingozi esivame ukugxavula ukudla esikubamba kuyophuza emanzini. Umama uwaqapha ngokucophelela amaqanda akhe kanye namachwane ngemuva kokuchamusela kwawo. Amazinyo ayo ayabonakala nalapho imihlathi ivaliwe.

INgwenya yomNayile

Isirhubuluzi esikhulu, esiyingozi esidla ngokuthi hlasi ixhoba elibanjiswe lisela emilanjeni. Umama uwagada ngenyameko amaqanda akhe nabantwana emva kokuqandusela. Amazinyo ayabonakala naxa imihlathi ivaliwe.

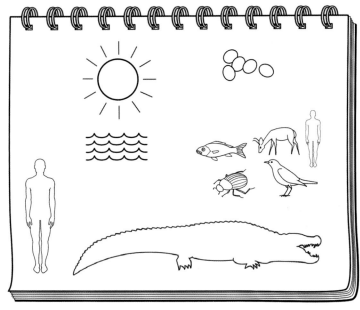

CROCODILE KROKODIL INGWENYA INGWENYA 63

DEDICATIONS

For Ian and Robyn MacLarty
SALLY MACLARTY

This small book is a first start for my grandchildren, Hannah, Jade, Will and Oliver.
BILL BRANCH

ILLUSTRATOR'S NOTE

A big thank-you to Pippa Parker for inviting me to do the illustrations – it's been great fun and very educational. Designer Louise Topping and author Bill Branch have been a pleasure to work with, always motivating with their encouragement.

SALLY MACLARTY

AUTHOR'S NOTE

My own sons accompanied me on many field trips, even when very young. Like all children, they have grown and taken their own paths in life. I can bask in their subsequent achievements but, in truth, the latter growth of their minds has many causes, not least their own desire for knowledge. I can take pride, however, that their love of and interest in wildlife reflects my own. That is my legacy to them, and this empathy with wildlife is one that all parents can, and must, instil in their children if the very real threats to our environment are to be faced. Reptiles, particularly snakes, are often a source of unnecessary fear and phobia for many people, particularly children, who instinctively mirror the actions and comments of adults around them. It is my hope that this small book will educate and enthral young minds, helping them to develop a more balanced appreciation for these interesting animals. May all the species illustrated here, and living in our beautiful country, still be around for our grandchildren to enjoy.

My thanks go to Louise Topping and Gill Gordon for design and editorial skills, to Pippa Parker for thinking that I could write for a different, and difficult, audience, and to the translators, Jan Moodie, Temba Mapini and Lindelwa Mahonga. Sally MacLarty's aesthetic and accurate artwork is wonderful, getting the right feel for all the animals in such 'simple' detail.

If this book works, it is because of my children and, particularly, grandchildren. The wonder in their eyes never stops teaching me of Life's beauty.

BILL BRANCH

Published by Struik Nature
(an imprint of Random House Struik (Pty) Ltd)
Reg. No. 1966/003153/07
Wembley Square, First Floor,
Solan Road, Gardens, Cape Town, 8001
PO Box 1144, Cape Town, 8000 South Africa

Visit **www.randomstruik.co.za** and join the Struik Nature Club for updates, news, events, and special offers

First published in 2007
10 9 8 7 6 5 4

Original series concept by Erroll Cuthbert
Publishing manager: Pippa Parker
Managing editor: Helen de Villiers
Design director: Janice Evans
Designer: Louise Topping
Editor: Gill Gordon

Reproduction: Hirt & Carter Cape (Pty) Ltd
Printed & bound: Craft Print International (Pty) Ltd, Singapore

ISBN: 978 1 77007 542 9